Martina Emes

Als Maikäfer nicht fliegen durften …

Meine Gefangenenjahre 1945–1949

novum pro

www.novumverlag.com

Bibliografische Information
der Deutschen Nationalbibliothek:

Die Deutsche Nationalbibliothek
verzeichnet diese Publikation in
der Deutschen Nationalbibliografie.
Detaillierte bibliografische Daten
sind im Internet über
http://www.d-nb.de abrufbar.

Alle Rechte der Verbreitung,
auch durch Film, Funk und Fernsehen,
fotomechanische Wiedergabe,
Tonträger, elektronische Datenträger
und auszugsweisen Nachdruck,
sind vorbehalten.

© 2021 novum Verlag

ISBN 978-3-99107-979-8
Lektorat: Leon Haußmann
Umschlagfotos: Yufa12379,
Yuliia Hurzhos, Bunroong
Krudngoen | Dreamstime.com
Umschlaggestaltung, Layout & Satz:
novum Verlag

Gedruckt in der Europäischen Union
auf umweltfreundlichem, chlor- und
säurefrei gebleichtem Papier.

www.novumverlag.com

Prolog

Die erschütternden Erlebnisse einer jungen Frau aus Westpommern im Kriegsjahr 1945 und in den 4 Jahren danach, von ihr handschriftlich niedergeschrieben im Jahr 1950. Ein Tagebuch, das schnörkellos ihren Leidensweg beschreibt. Ein Zeitzeugnis, das durch seine authentische Sprache überzeugt. Und ein Vermächtnis an all diejenigen, die in Folge des Krieges wehrlos verschleppt, gedemütigt und entrechtet wurden und unter schwierigsten Bedingungen in Arbeitslagern mühsam ihr Leben fristen mussten. Beileibe nicht alle kamen wieder.

Herausgegeben von Martina Emes.

Gewidmet allen, die nicht zurückkehrten:

„Wir vergessen euch nicht"

… euch, die ihr mit uns in der Fremde gelitten habt
… euch, die ihr das Brot mit uns geteilt habt
… euch, die ihr unsere Wunden gepflegt habt
… euch, die ihr neben uns auf dem Lager gestorben seid
… euch, die ihr draußen geblieben seid, als wir heimkehren durften

Eure toten Augen sehen uns mahnend an

Als im Januar 1945 der Strom der Flüchtlinge aus Ostpreußen täglich mehr und mehr wuchs, als sie keine Unterkunft mehr fanden, da bereits alles belagert war, wussten auch wir in unserem kleinen pommerschen Dörfchen, dass es so nicht mehr lange weitergehen würde. Die Not war groß, denn der Winter war damals kalt und es lag viel Schnee. Jeden Tag kamen mehr Flüchtlinge, und die Front rückte näher. Nicht lange, da hörten wir schon die ersten Kanonenschüsse. Also war der Feind nicht mehr weit entfernt. Es war an einem Sonntag, den 25. Februar, da hörten wir aus dem Radio in den Nachrichten, dass die Russen bereits die Stadt Neustettin besetzt hatten. Da bekamen wir es mit der Angst zu tun, denn die Entfernung betrug nur noch 30 km. Am Montag, den 26. Februar nachmittags, umringten die Russen dann auch schon die nahegelegene Stadt Bublitz. In Windeseile waren sie angerollt, die ersten Panzer rückten in die Stadt ein.

Wir lebten in unserem Dorf 6 km weit außerhalb, konnten die Lage aber sehr gut übersehen, denn es war weit und breit nur flaches Land. So sahen wir, wie die ersten Häuser in Brand aufgingen. Alles war in größter Aufregung, ein Flüchten gab es nicht mehr. Im Handumdrehen hatte der Russe die ganze Umgebung abgeriegelt. Wir wohnten auf einem großen Gut und hatten zehn Russen als Kriegsgefangene dort, mit denen wir uns gut verstanden. Diese sprachen uns Mut zu und sagten, der Russe sei ein so gutmütiger und ausgeglichener Mensch, wir bräuchten keine Angst zu haben. Als sich die Lage dann aber verschärfte, bekamen diese Gefangenen selber Angst vor ihren Kameraden. Sie beratschlagten gemeinsam mit uns, was am besten zu machen sei. Sie sagten unter anderem, dass Stalin gefordert hatte: Nicht in deutsche Gefangenschaft gehen, lieber sterben! In dieser Situation entschlossen sie sich, zu ihren anrückenden Kameraden zu gehen, vielleicht in der Hoffnung, in deren Reihen untertauchen zu können.

Was aus ihnen wurde, weiß niemand. Sie können uns aber nicht verraten haben, denn die ersten russischen Soldaten tauchten erst fünf Tage später, am 2. März, bei uns auf. Es waren aber harmlose Soldaten, sie sagten: „Habt keine Angst." Wir verstanden kein Wort, es war aber noch ein gefangener Pole da, der hat es uns übersetzt. Dann kam aber schnell alles anders. Denn kurze Zeit nach diesen Soldaten kamen andere, die bewiesen uns das Gegenteil. Mit vorgehaltenen Pistolen traten sie an uns ran, verlangten Uhren und Schnaps. Wir gaben ihnen zu verstehen, dass wir nichts hatten. Da fingen sie an zu toben, warfen sämtliche Kleider und Wäsche aus den Schränken. Immer wieder schrien sie: „Frau, wo ist Uhr?" Wir verneinten nur, da wurden sie so böse, ein betrunkener Russe legte an und wollte meinen Vater erschießen. Ich sprang schnell vor ihn, um ihn zu schützen. Da ließ er das Gewehr runter, murmelte ein paar Worte, drehte sich um und ging weg. Wir wollten den anderen zu essen geben, auch Milch boten wir ihnen an, aber alles warfen sie uns vor die Füße.

Da sie nun keine Wertsachen bei uns fanden, gingen sie fort, und nach kurzer Zeit kamen wieder andere. Diese waren ganz hemmungslos, holten alle jungen Frauen raus und haben sie schändlich missbraucht. Ich wurde hierbei auch nicht verschont: Drei Russen standen bereit, mein Weinen und Kratzen half nichts. Die Pistole wurde mir auf die Brust gesetzt, und so erreichten zwei von ihnen mit brutaler Gewalt ihr Ziel. Inzwischen war der dritte kurz fort. So schnappte ich mir schnell meine Jacke und lief davon. Ich sah, wie der Russe mich suchte, ich hatte aber Glück und konnte ihm entkommen. Aber lange noch tobten sie in den Häusern rum. Da sammelte mein Vater, der aus dem 1. Weltkrieg ein verkrüppeltes Bein mitgebracht hatte und schwer gehbehindert war, heimlich alle Mädel im Dorf und sagte: „So geht's nicht weiter, ich kann euch nicht schützen; ihr müsst euch verstecken, kommt alle mit in eine große Scheune." Da sie abgeschlossen war, machte mein Vater von außen einige Bretter los, nun krochen wir zu acht Mädels da hinein. Die Bretter wurden wieder angeschlagen, und wir saßen im Stroh. Alles war mäuschenstill, jeder hörte sein Herz schlagen. Auf einmal hörten wir Schritte um die Scheune kommen. Unsere

Angst war so groß, am liebsten hätten wir laut geschrien. Aber es waren die Schritte von der Mutter eines der Mädels. Sie rief uns, wir könnten wieder kommen, die Russen hätten den Befehl erhalten, unseren Ort zu verlassen, denn es sollte ein Lazarett eingerichtet werden. Ich sehe heute noch die Gesichter von den abziehenden Russen, als wir alle wieder auf den Hof kamen, aber es hat uns dann niemand mehr was angetan.

Aber es war klar, hier konnten wir nicht länger bleiben. Schnell nahmen wir ein paar Sachen, nur was wir tragen konnten. Wir mussten 3 km gehen in ein anderes Dorf. Hier kamen wir in dunkler Nacht an, zum Glück sahen wir keinen Russen, waren so froh und glaubten uns in Sicherheit. Die Familien aus dem Dorf waren alle schon fort, so gingen wir zu vier bis fünf Familien in eine Wohnung zusammen. Was nicht in die Betten ging, legte sich auf den Fußboden. So ging dann die Nacht auch rum. Aber im ersten Morgengrauen kamen schon zwei russische Offiziere, einer sprach deutsch. Sie sagten uns: „Habt keine Angst, es darf euch niemand was tun. Wenn die Soldaten euch belästigen wollen, dann meldet es sofort bei der Kommandantur." Wir dachten, so ein Blödsinn, bis wir bei der Kommandantur angekommen wären, da würden uns sicher inzwischen wieder ein paar gefangen genommen und vergewaltigt haben.

Bald darauf kam nun das, woran keiner so richtig denken wollte, aber wovor sich jeder insgeheim gefürchtet hatte. Es war der 5. März, ein Montag. Wir hatten uns alle wieder zur Nachtruhe gelegt (was man damals so Ruhe nannte), alle mit offenen Augen und gespitzten Ohren. Als Licht benutzten wir Weihnachtskerzen, denn das elektrische Licht funktionierte nicht, es waren sämtliche Kabel durchgeschnitten. Wir hatten gerade dunkel gemacht, jeder ging seinen eigenen Gedanken nach, da wurde plötzlich die Tür aufgerissen – abschließen konnten wir schon lange nicht mehr – und herein kamen zwei betrunkene russische Soldaten. Mit den Taschenlampen, die sie bei sich hatten, leuchteten sie jedem von uns ins Gesicht. Dann schrien sie, wir sollten Licht machen, und so machten wir die Weihnachtskerzen an. Sie suchten nach jungen Mädels, haben uns rausgezerrt. Wir waren ja stets angezogen, nur keine Schuhe hatten wir an den Füßen. So zog mich der eine Betrunkene nach draußen auf die Straße. Meine Eltern waren starr vor Schreck und Entsetzen, weil sie nichts dagegen tun konnten. Durch hohen Schnee und auf Strümpfen musste ich nun mit ihm in ein anderes Haus gehen. Hier wohnte eine Familie aus Litauen, die gut die russische Sprache beherrschte. Zwei Soldaten waren noch mit in der Wohnung. Der eine lag auf dem Fußboden am Ofen und schlief, der andere saß am Tisch, wo auch ich sitzen musste. Ich bekam ein Glas Brennspiritus vorgestellt, dies sollte ich trinken. Ich in meiner Angst holte aus und schlug ihm das Glas aus der Hand. Zum Glück wurde er nicht sofort gewalttätig sondern nur sehr zornig, dann ging er und machte sich an einem Bett zu schaffen, da sollte ich zur Strafe mit ihm schlafen. Es dauerte aber etwas bis er das Bett fertig hatte. Inzwischen gab der andere Russe, der mit am Tisch saß, mir einen Wink, ich solle rauslaufen. Da ich direkt an der Türe saß, zögerte ich nicht lange, fasste mir ein Herz und lief weg. Gleich hinter mir hörte ich die Türe schlagen, da wusste ich sofort, dass der Russe hinter mir her war, und lief wie der Blitz durch den größten Schnee, meine Füße spürten die Kälte schon nicht mehr. Wie ich in das Haus zurückkam, in dem meine Eltern und die anderen waren, ist mir heute noch ein Rätsel. Meine Gedanken waren, nur schnell in Sicherheit. So kümmerte ich mich nicht um die vielen Russen, die inzwischen im Haus waren, und lief fast ohne Atem auf meine Mutter zu, die auf einem Sofa lag. Unter dem Federbett suchte ich Schutz. Zu meiner Mutter flüsterte ich: „Beschütze mich, wenn der kommt und mich findet, zerreißt er mich." Mein Herz schlug mir bis zum Halse, ich hörte dauernd Kindergeschrei und Scherben klirren.

Aber nicht lange dauerte dieser Schutz, da wurde auf einmal das Federbett hochgezogen, und in dem Moment packte mich auch schon ein Russe am Arm und zog mich auf den Tisch, wo er selbst drauf stand. Ich dachte, es wäre derselbe, dem ich fortgelaufen war, aber Gott sei's gedankt, ich stand einem anderen gegenüber; den vorherigen habe ich nicht mehr gesehen. Dieser hier konnte ein paar Worte deutsch und fragte: „Du Angst haben?" „Ja", sagte ich. „Warum?", fragte er. „Ihr seid so böse und macht uns alles kaputt." Darauf lachte er nur und ließ mich los. Aber es dauerte nicht lange, da glich die Wohnung, in der wir Unterschlupf gesucht hatten, einem Trümmerhaufen. Sämtliches Geschirr war aus den Schränken geholt und auf dem Fußboden zertrümmert. Die große Wanduhr war in Stücke geschlagen, der Kronleuchter wurde mit einem Gewehrkolben zerschmettert, die Splitter flogen einem acht Tage alten Säugling ins Gesicht. Diesen kleinen unschuldigen Jungen nahmen sie nun und wollten ihn an die Wand werfen. Auf das Weinen und Flehen der Mutter ließen sie es sein, dafür aber hausten sie jetzt nur noch wilder in der Wohnung, schlugen sämtliche Fensterscheiben ein, und Stühle und Kinderwagen flogen auf die Betten und in alle Ecken.

Es waren keine normalen Soldaten, es waren schwer Betrunkene, die meisten hatten Zivilkleidung an. Alles, was nicht niet- und nagelfest war, wurde unbrauchbar gemacht. Unter den Betten fanden sie nun auch noch zu unserem Unglück deutsche Militärkleidung und Munition. Jetzt war es ganz aus, die Russen sagten, wir hätten deutsche Soldaten versteckt, dabei wussten wir doch selber nicht, wie diese Sachen dahingekommen waren. Wir konnten es ihnen ja auch nicht sagen, weil wir nicht Russisch konnten. Daraufhin nahmen sie eine alte Frau von fast 70 Jahren und missbrauchten sie. Dann packten sie zwei kleine Kinder von 10 Jahren und zogen sie aus, auch diese sollten dran glauben; aber als sie sahen, dass es Jungen waren, wurden sie in eine Ecke geschubst und bekamen Milchtöpfe an die Köpfe geworfen. Es war grauenhaft, was wir in diesen Stunden durchmachen mussten, es schaudert mich noch heute, wenn ich daran denke. Wir waren diesen Bewaffneten hilflos ausgeliefert, und es war uns allen, als sollte es die letzte Stunde für uns sein, denn wir fühlten uns wirklich zwischen Leben und Tod.

Auf einmal, wie aus dem Boden geschossen, stand ein Offizier im Türrahmen. Diejenigen, die ihn früh genug gesehen hatten, sind schnell durchs Fenster gesprungen, die anderen mussten bleiben und sich mit dem Gesicht auf den Boden legen und durften sich nicht rühren. Der Offizier zog seine Pistole und gab noch 3 Schüsse durchs Fenster ab, dann sah er sich im Zimmer um. Er machte ganz große Augen, als er die Verwüstungen sah. Dann fragte er, wer dies alles angerichtet hätte. Der eine Russe, der ein bisschen Deutsch konnte, wollte sich herausreden und wandte sich an mich: „Frau, ich doch nichts gemacht haben." Aber ich konnte und wollte ihm nicht helfen, denn er hatte ja so fürchterliche Sachen angestellt. So antwortete ich und gab dem Offizier zu verstehen „dieser Mann alles kaputt machen."

Der Offizier blieb noch lange bei uns und verhörte die anderen Russen, die dann aber doch gehen durften. Als er dann selber gehen wollte, gab ich ihm ein Zeichen, noch kurz zu bleiben. Ich bat ihn dann, doch einen Posten ans Haus zu stellen, damit nicht wieder welche Soldaten kämen. Er hat meine Gesten verstanden, ging dann und wenige Minuten danach erschien tatsächlich ein Posten, der Wache hielt bis zum Morgen. Als dann am 6. März die ersten Lichtstrahlen rauskamen, waren wir froh, nochmal mit dem Leben davongekommen zu sein. Gegen 10 Uhr morgens erschien ein anderer Offizier zusammen mit einem Soldaten. Sie verlangten, dass 6 Frauen in die Soldatenkantine gehen sollten, um Kartoffeln zu schälen. Da keine mitgehen wollte, wurden sie zornig. Der Offizier aber konnte etwas Deutsch sprechen, und so erklärten wir ihm, was wir in der Nacht alles erlebt hatten, und dass wir Angst hätten, mitzugehen. Auf ihr Versprechen hin, dass uns niemand was tun würde, gingen wir dann doch mit. Die beiden blieben dann auch die ganze Zeit bei uns; so kam es, dass uns niemand anrührte. Wir schälten unsere Kartoffeln für die Küche und mussten anschließend ein paar Kühe melken. Danach wurde uns etwas Essen angeboten, das wir aber aus lauter Stolz nicht annahmen, obwohl wir großen Hunger hatten, was wir aber nicht zeigen wollten.

Gegen 13 Uhr waren wir mit dem Küchendienst fertig und durften gehen. Als wir zurückkamen, hatten unsere Eltern bereits ein Essen gekocht. Sie hatten die Hühner geschlachtet, die draußen noch rumliefen, denn wir wussten ja nicht, ob wir lange hierbleiben würden oder bald weitermüssten. Und so war es auch tatsächlich: Zu dem Hühnerbraten kamen wir nicht mehr, denn kurz nach uns erschien wieder ein russischer Offizier und ein Pole als Dolmetscher. Sie fragten jede einzelne der Frauen, wie alt sie seien und ob sie Kinder hätten. Als ich an der Reihe war, sagte ich: „Na, ich bin doch schon alt." Da wir alle Angst hatten, hatten wir uns zuletzt in dunkle Kopftücher gehüllt und uns die Gesichter mit Asche unkenntlich gemacht. Da sagte der Pole: „Nimm mal dein Kopftuch ab und wasche dein Gesicht, dann bist du ganz jung." Da ich es nicht machte, tat er es und ich musste mit, denn ich war erst 21 Jahre alt. Die Frauen, die Kinder hatten, durften bleiben, aber alle anderen Frauen zwischen 13 und 30 Jahren wurden ausgesondert. Dabei hatte unsere Gruppe noch Glück, denn an anderen Orten wurde keine Rücksicht auf Alter oder auch Kinderzahl genommen, es mussten alle mit (so habe ich später in den Lagern Frauen von über 50 Jahren angetroffen).

Als sie uns aussortiert hatten, sagten die beiden zu uns: „Ihr müsst mit in das nächste Dorf, ihr müsst beim Aufräumen helfen dort, in 3 Tagen seid ihr aber wieder zurück." Na, wir glaubten es ja auch und schenkten dem Offizier Vertrauen, aber diesmal fügte es das Schicksal anders: Aus 3 Tagen wurden nämlich fast 5 Jahre. Als ich Abschied nahm von meinen lieben Eltern, sagte ich: „Weint nicht, ich bin ja in 3 Tagen wieder hier bei euch." Aber mein lieber Vater hatte es wohl anders geahnt, denn er weinte so sehr, dass ein jeder mitweinen musste, dann umarmte er mich und sagte: „Mein Kind, wir sehen uns wohl zum letzten Mal." „Aber Vater, so darfst du nicht reden", sagte ich. Aber der liebe Gott wollte es anders, und mein Vater hat leider recht behalten.

Nun wurden wir Frauen alle zusammen in ein Haus gesteckt. Vor der Türe hielt ein Soldat Wache. Die Offiziere haben lange beraten, gegen 16 Uhr ging es dann mit uns los. Wir wurden getrieben wie eine Herde Vieh. Vor uns, hinter uns und an beiden Seiten sah man Soldaten mit aufgepflanzten Gewehren. Aber immer noch ahnten wir nicht, dass wir von nun an Gefangene waren. Das erste Dorf war erreicht, aber wir marschierten stracks durch, und niemand dachte an ein Aufräumen. Weiter rechts in der Ferne blieb unser Hof liegen, und ich habe noch oft zurückgeschaut: Ob ich wohl noch einmal hierher zurückkommen würde?

Wir gelangten in den nächsten Ort, und hier wurde haltgemacht. Es sprach aber wieder niemand von Aufräumen. Von allen Richtungen waren schon viele Männer und Frauen hier zusammengetrieben worden. Wir Neuankömmlinge mussten alle in einen großen Keller, da in dem Haus die Zimmer schon alle belegt waren. Auf einen Steinfußboden, ohne Stroh oder Heu und dazu noch bei −20° Kälte, mussten wir uns hinlegen. Es war so voll, wir konnten uns kaum rühren. Die Tür wurde von außen abgeschlossen, davor stand die Wache. Es war dunkel und kalt in dem Keller, und der Hunger plagte uns alle; wer noch ein Stück Brot hatte, verteilte es.

Dies war aber erst der Anfang, es sollte noch viel schlimmer kommen. Zum Glück ahnten wir damals noch nichts davon, im Gegenteil, wir hofften immer noch auf eine baldige Rückkehr. Bevor wir in den Keller kamen, musste jeder von uns seinen Namen sagen. Es war dann schon spät am Abend, als die Tür aufgeschlossen wurde und einzelne von uns rausgerufen wurden. Lange dauerte es, bis sie wieder zurückkamen. Inzwischen wuchs unsere Angst mehr und mehr, denn niemand wusste, was das alles zu bedeuten hatte. Wir holten tief Luft, als sie endlich wieder erschienen; aber gleich wurden die nächsten herausgeholt. Nun erzählten uns die ersten, dass sie verhört worden seien. Aber da fiel auch schon mein Name zusammen mit anderen, und wir mussten lange Treppen steigen, bis wir in einen großen Raum kamen. Dort schliefen halbnackte Russen auf dem Fußboden bei einer Affenhitze, und ein Geruch schlug uns entgegen, dass man meinte, auf der Stelle umfallen zu müssen. Nicht einmal ein Weg war freigelassen worden, wo man gehen konnte, und so mussten wir über die Russen steigen, um in ein Zimmer zu gelangen, in dem 2 Offiziere saßen, zusammen mit einem Dolmetscher und einem Wachsoldaten. Lange dauerte mein Verhör, und es wurde sehr viel gefragt, ich weiß jetzt nicht mehr, was alles. Aber es war jedenfalls schrecklich und ich hatte große Angst. Zum Schluss kam die

Frage, ob ich im BDM (Bund Deutscher Mädel) war. Ich sagte: „Nein." Dies wurde mir aber nicht geglaubt. So wurde ich in dieser Nacht noch viermal rausgeholt nur wegen so einer dummen Frage. Zum Schluss habe ich „ja" gesagt, damit ich endlich Ruhe hatte. Da fragten sie mich: „Warum du nicht gleich sagen, du im BDM gewesen?" „Weil ich Angst habe, ich komme dann nach Russland", gab ich zur Antwort. „Da du sowieso hinkommen", sagten sie mir. Das hatte mich im Moment aber noch wenig berührt, denn ich war froh, erstmal davongekommen zu sein; außerdem hoffte ich immer noch auf eine baldige Rückkehr, solange wir auf deutschem Boden waren. Zudem hatten wir so langsam schon gemerkt, dass viele der Aussagen der Russen falsch waren.

Wie froh waren wir, als der nächste Morgen kam und wir alle aus dem Keller raus konnten, um auszutreten und frische Luft zu schnappen. Aber die Freude währte nicht lange, nach ein paar Minuten mussten wieder alle rein in den Keller. Mittags durften wir dann wieder in den Hof hinaus, um einen Teller Eintopf zu empfangen. Jeder rieb sich die Augen und blinzelte, so blendete der Schnee in der Sonne. Aber nach einer halben Stunde gings wieder runter in den Keller. Wir wurden dann erst wieder am andern Morgen rausgelassen, und einmal am Tag gabs den Teller Suppe, sonst nichts. So ging es einige Tage gleichartig weiter, das Verhören schien beendet zu sein. Unsere Hoffnung wuchs mehr und mehr, und alle glaubten daran, nach Hause zurückkehren zu dürfen. Die ursprünglich angesagten 3 Tage waren schon lange um, und ein Aufräumen hatte immer noch nicht stattgefunden. Stattdessen hatten die Russen in den Verhören uns über unsere Vergangenheit ausgefragt.

Am Samstag, den 10. März 1945, hieß es auf einmal „Alles raustreten!" Wir waren alle freudig erregt, denn wir dachten, jetzt sei es soweit, wir könnten nun nach Hause zurück. Aber das war ein Trugschluss, und wir wurden bitter enttäuscht: Unser Weg sollte nicht zurückgehen, sondern weiter ins Ungewisse! Als wir uns unter Bewachung wieder in Marsch setzten, schien in der Tat alles zu Ende zu sein. Leise weinten wir vor uns hin, niemand wagte, ein Wort zu sprechen. Es war uns ganz traurig zumute. So marschierten wir die Straße entlang, die weg von Bublitz führte. Auch hier brachten sie uns abends wieder in einen dunklen, nassen und kalten Keller. Aber zum Glück waren hier noch Kartoffeln drin, mit denen wir unseren Hunger stillen konnten. Wir aßen die rohen Kartoffeln wie Äpfel. Auch fanden wir noch Kleider, Strümpfe und Unterwäsche, und jeder konnte sich etwas nehmen. Das Essen war dasselbe wie die Tage vorher, einmal am Tag Suppe.

Nach 2 Tagen mussten wir diesen Keller auch wieder verlassen, wir wurden nun in einer Kirche untergebracht. Wir glaubten unseren Augen nicht zu trauen. Die Kirche war schon voll mit deutschen Männern und Frauen, es waren ebenfalls Verschleppte wie wir es waren. Das Bild, das sich uns bot, war furchtbar: Der Boden lag voll mit Unrat, auf den Gängen der Kirche fuhren die Russen mit Fahrrädern umher, und an allen Ecken standen Öfen. Sogar auf der Kanzel hatten die Russen ein Feuer gemacht und wärmten sich. Hierzu wurden die Gottesbilder von den Wänden gerissen und als Brennmaterial benutzt. Bei diesem Anblick weinten wir ganz bitterlich, und es wurde uns deutlich vor Augen geführt, dass wir jetzt Gefangene und machtlos waren; eine strenge Bewachung bekräftigte diesen Eindruck. Kühe wurden draußen geschlachtet und in der Kirche wurde gekocht. So bekam denn jeder einen Teller Eintopf, aber es war immer ein und dieselbe Suppe – aber was kann man vom Ochsen mehr erwarten als ein Stück Rindfleisch? Ähnlich dachten wir auch von den Russen, wenn sie sich so barbarisch aufführten ...

So verbrachten wir eine Woche in diesem grausam entweihten Gotteshaus. Es sah am Schluss aus wie eine Räuberhöhle. Da kam plötzlich der Befehl: „Alles raustreten!" Wir nahmen unsere Habseligkeiten und folgten dem Befehl. Vor der Tür standen etliche Offiziere und musterten uns mit kalten Augen. Zu fünft mussten wir antreten, aber es vergingen mehrere Stunden, bis die Posten uns in Fünfergruppen abgezählt bekamen. Inzwischen war es uns kalt geworden, denn wir hatten bereits wieder -20° Kälte. Endlich ging es weiter, und zwar in Richtung Baldenburg. Wir marschierten nur über Trümmerhaufen und durch Rauch und Qualm, denn es brannte noch an allen Ecken. Unterwegs fanden wir dann auch vereinzelt deutsche Männer und Frauen erschossen im Straßengraben liegen. Ganz klamm wurde es uns da zumute, denn wir wussten ja nicht, was uns selber noch so alles blühen würde. Dazu hatten wir einen großen Hunger, und so elend war uns, dass uns die Füße kaum vorwärtsbrachten. Da sahen wir auf dem Felde eine Miete mit Rüben (genannt „Wruken"), womit man die Kühe füttert, und wir wollten hinlaufen, da krachten schon die ersten Schüsse und wir mussten zurück. Wo ein Bach lief, wollten wir etwas von dem eiskalten Wasser trinken, doch auch dies durften wir nicht.

So marschierten wir ohne Unterbrechung immer weiter, bis wir die Stadt Baldenburg erreicht hatten. Es war schon dunkel, als wir ankamen, wir hatten 30 km zurückgelegt. Wieder kamen wir in eine Kirche, die genauso zugerichtet war wie die vorherige. Es waren insgesamt etwa 1000 Männer und Frauen, die in der Kirche waren, es gab nichts zu essen und der Hunger war groß. Aber in dem Treck sind auch Kühe mitgeführt worden, eine davon wurde nun geschlachtet und über Nacht gekocht. Morgens mussten wir dann wieder raus, bekamen 3 Pellkartoffeln und etwa 50 g Fleisch als Tagesration und mussten wieder 30 km weitermarschieren bei Kälte und Schnee. Aber diejenigen, die nicht mehr weiterkonnten und auf dem Marsch zurückblieben (v. a. alte Leute), wurden unterwegs rücksichtslos erschossen und in den Straßengraben geworfen. Es war furchtbar, dies alles mit anzusehen.

Als wir nun gegen Abend wieder in einem Dorf ankamen, gab es dort als Unterkunft keine Kirche, dafür war das Dorf zu klein. So wurden wir in alle Häuser verteilt. Die Einwohner hatten hier offenbar alles Hals über Kopf stehen gelassen, denn alle Türen standen offen, und wir fanden noch so manch Essbares, worüber wir sehr froh waren. So konnten wir uns endlich mal gut satt essen. Auch für unterwegs konnten wir noch etwas einstecken, denn am nächsten Morgen ging es wieder weiter, nachdem wir erneut dieselbe Tagesration wie am Tag vorher zugeteilt bekommen hatten.

So ging es auch am dritten Tag weiter, diesmal waren es bald 40 km, die wir zurücklegen mussten. Inzwischen hatte uns aller Mut verlassen, und wir glaubten an kein Zurück mehr. Ganz spät am Abend kamen wir in der Stadt Konitz an. Hier wurden wir auf einen großen Gefängnishof gebracht. Alle wurden wir einzeln in ein Zimmer verfrachtet und gründlich durchsucht. Wer noch schöne Sachen hatte, die den Russen gefielen, dem wurden sie ganz frech weggenommen. Auch was wir noch zum Essen aufgespart hatten, nahmen sie weg, so dass wir danach völlig mittellos waren. Danach wurden wir zu je 3-4 Personen in eine Zelle des Gefängnisses gesteckt. Kahle Bretter waren unser Lager.

Vier Tage waren wir so in Konitz eingesperrt, dann wurden wir in offene Eisenbahn-Waggons verladen. Es gab nicht einmal ein Dach über dem Kopf, und wir mussten zu 35-40 Personen meist auf den Knien sitzen, denn hinsetzen konnten wir uns nicht, da der Platz nicht ausreichte. Vier Tage und Nächte waren wir so unterwegs, und es war ein Alptraum. Die Verpflegung bestand aus 10 Scheiben trockenem Brot pro Tag, und wenn der Zug mal hielt, wurde uns ein Eimer Wasser gereicht zum Trinken. Das hatte aber schreckliche Folgen: Fast alle bekamen starken Durchfall, und nur einmal am Tag hielt der Zug. Die andere Zeit ... Die Fahrt war furchtbar, sie lässt sich nicht schildern. Dazu kam der große Durst, so dass wir morgens den Tau von den Waggons leckten. Es wurde viel geweint, schon vor Hunger, Kälte und Schmerzen. Die Tränen ließen wir zu den Lippen runterlaufen, um sie zu befeuchten.

Wir waren froh, als wir endlich am Ziel waren und aussteigen durften. Aber die Füße und Knie schmerzten durch das lange Knien so sehr, dass wir uns nur ganz langsam vorwärtsbewegen konnten. Wir waren in der Stadt Soldoni angekommen, wo wir in großen Gefängnisgebäuden untergebracht wurden. Diesmal waren es große Räume, in denen wir uns wie Heringe in der

Tonne dicht an dicht auf den Fußboden legen mussten. Und eine Toilette hatten wir, die spottete jeder Beschreibung: Unten war ein tiefer Graben, und oben nur eine Stange aufgeschlagen. Wenn wir drauf saßen, kamen wir uns vor wie die Hühner. Und schwindlig durfte dabei niemandem werden, sonst wäre er unten im Kotgraben gelandet. Und immer stand ein Wachtposten dabei. Es war schon richtige russische Willkür, die wir da erlebten. Hier gabs allerdings nach all dem, was wir bisher mitgemacht hatten, gutes Essen. Aber was half uns das? Keiner hatte Appetit, wir waren fast alle krank, viele hatten schon die Ruhr. Ich war auch sehr krank, hatte hohes Fieber und bekam Schwindelanfälle.

Nach 4 Tagen war auch in Soldoni die Zeit abgelaufen, und wir mussten weiter. Mittags mussten wir antreten, wieder zu fünft in einer Reihe. Aber es gab erneut eine lange Zählerei durch die Russen, am Abend waren sie noch nicht fertig. Von beiden Seiten haben sie uns gezählt, aber jedesmal kamen unterschiedliche Zahlen heraus. Dann überlegten sie hin und her, wie sie es wohl anstellen sollten und es am besten gelänge. Da holte einer der Wachtposten eine ganz lange Stange, die von einer Seite bis zur anderen reichte. Jeder fasste an einem Ende an, dann wurde gezählt. Drei weitere Male mussten sie auf diese Weise zählen, bis die Zahlen stimmten. Insgeheim schüttelten wir unsere Köpfe, wie ungebildet die Russen waren und wie dumm sie sich bei solch simplen Zählaufgaben anstellten.

Dann ging es zum Bahnhof. Dort angekommen sahen wir, dass schon eine lange Reihe Güterwaggons auf uns wartete. Ich war noch mit meiner Freundin und vielen anderen Mädels aus unserem Dorf zusammen, aber als wir in die Waggons einsteigen mussten, wurden wir voneinander getrennt. So kam ich mit Mädels aus Ostpreußen zusammen. Wir haben uns schnell angefreundet, da wir ja alle ein gemeinsames Schicksal hatten. Zwei Mädels waren Zwillinge, mit denen verstand ich mich besonders gut. In jedem dieser Waggons wurden zwischen 30-35 Frauen untergebracht, und wir konnten liegen: Ein Teil lag in den oberen Regalen und der andere Teil unten. Es wurde auch etwas geheizt. Einmal am Tag gabs zu essen pro Person 2 Tassen Suppe und 2-3 Stückchen trockenes Brot; zum Trinken gabs Wasser. Die Türen waren von außen verschlossen, so dass es drinnen ganz dunkel war. Nur durch ein kleines Fensterchen in der Tür fiel ein kleiner Lichtstrahl.

So verging ein Tag nach dem anderen. Unsere Gedanken eilten nach Hause, geweint wurde sehr viel, alle hatten Heimweh und niemand wusste, wohin es mit uns geht. Wer unterwegs starb, wurde von den Soldaten einfach aus dem Waggon geworfen und blieb liegen. In einer russischen Stadt wurden ein paar Waggons abgehängt und fuhren in eine andere Richtung. In diesen war auch meine Freundin aus unserem Dorf drin, die ich deshalb aus den Augen verlor.

Nach 3 Wochen langer Fahrt durften wir endlich wieder aussteigen. Wir mussten unsere Augen bedecken, so blendete uns das Tageslicht. Wir klebten alle vor Schmutz, denn in den 3 Wochen hatten wir ja keine Gelegenheit gehabt, uns zu waschen. Wir waren so schwach auf den Beinen, dass viele zusammenbrachen, auch wurden viele schon von Läusen geplagt. Jetzt gings mit uns in eine Badeanstalt und zur Entlausung (wer bis hierher noch keine Läuse hatte, bekam sie jetzt mit Sicherheit, denn Läuse scheinen die Haustiere der Russen zu sein). Beim Baden mussten wir uns nackt ausziehen und an den Offizieren vorbeigehen, die ihren Spaß hatten und sich über uns lustig machten. Es sträuben sich bei mir noch heute die Haare, wenn ich daran denke! Wenn jemand noch ein gutes Kleid oder einen guten Mantel besaß, dann wurden diese Stücke von den russischen Frauen gleich kassiert. Auch die Kämme wurden uns weggenommen. Das alles regte uns fürchterlich auf, aber wir konnten uns nicht wehren: Wenn wir nach den Sachen fragten, gaben sie uns nur zur Antwort: „Ist bei der Entlausung verbrannt." Wir konnten uns nirgendwo beschweren gehen, denn wir waren ja Gefangene.

Von hier aus wurden wir in eine Kleinbahn gesteckt. Diese war aber schon so voll, dass kaum noch Platz war, jeden unterzubringen. So musste ich zusammen mit einem Mädel unseren Platz in einem Gepäcknetz nehmen. Ganz zusammengerollt wie ein Igel haben wir da einen Tag und eine Nacht drin gelegen. Tief Luft haben wir geholt, als wir endlich wieder draußen waren. Aber schon wieder wartete eine neue unbekannte Gefahr auf uns: Ungefähr 10-12 Lastwagen standen bereit, die uns in ein Lager (Nogatka) im Ural bringen sollten. In Gruppen zu 50 Frauen wurden wir in Lastwagen gepfercht. Gestürmt und geschneit hat es, wir konnten kein Auge zutun. Dicht nebeneinander mussten wir stehen. Die Autos sind so schnell gefahren, es war eine richtige Höllenfahrt, es ging durch Wälder, über Felder und bucklige Wege, durch tiefe Löcher, die voll Wasser waren. Das Auto hing ganz auf einer Seite, so dass Wasser reinlief und wir nasse Füße bekamen. Wir schrien um Hilfe vor Angst. Aber die Russen lachten nur und beschleunigten die Fahrt noch mehr.

Nach endloser Fahrt sahen wir das Lager mit den 4 hohen Postentürmen und 3m hohen Stacheldrahtzäunen. In diesem Augenblick war es uns egal, wohin wir kamen, die Hauptsache mal erst unter ein Dach und etwas Wärme. Die Baracken waren ein bisschen geheizt, aber die Russen, die uns empfingen, hatten kalte Gesichter, so dass es uns bei ihrem Anblick noch mehr erschauerte. Es war der 17. April 1945. Kaum dass wir ein bisschen warm waren, wurden wir von einem russischen Friseur rasiert. Die große Angst, die wir alle hatten, wandelte sich in Erleichterung, als wir wieder gehen durften und unsere Haare, die jetzt kurzgeschoren waren, noch auf dem Kopf hatten.

Dieses Lager war sehr schlecht, die Baracken waren ganz aus groben Baumstämmen gebaut, die Ritzen waren mit Moos ausgestopft, und die Fenster waren so zugig, dass der Schnee hereinwehte; morgens waren wir gepudert vom Flugschnee. Die Bretter, auf denen wir nachts lagen, hatten so breite Ritzen, dass man eine Hand dazwischen stecken konnte, und unter den Brettern war ein tiefes Loch ausgeschachtet, wo Kraut und Ungeziefer zuhause waren. Morgens waren wir ganz steif, so zog es. Wir hatten keinen Strohsack oder Decken, nur wer noch eine von zu Hause gerettet hatte. Sowas kannten die Leute hier wohl nicht, und es sah auch sonst so aus, als ob hier das Ende der Welt wäre. Überall war es dunkel, es war eine liebe Not. Nachts mussten wir oft auf die Toilette, die ein Stück von den Baracken entfernt war. Es war dieselbe wie in Soldoni. Sie stand dicht am Lazarett, so dass wir die Kranken stöhnen hörten. Von überall wurden sie eingeliefert. Es war ganz furchtbar, denn in diesem Lager starben die Menschen reihenweise, häufig 5-10 Personen pro Nacht. Die Toten wurden dann nachts von deutschen Männern beerdigt. Auf 1 Bahre wurden 2 Leichen gelegt, nichts hatten diese mehr an, und so mussten die Männer sie weit vom Lager weg tragen. Im Wald war ein freier Platz wo am Tage die Löcher gemacht wurden, in diese kamen nun die Toten hinein, meist 3-4 auf einmal. Oft waren die Löcher vollgeregnet, es hat sich aber niemand daran gestört.

Mit polnischen Gefangenen waren wir im Lager zusammen, aber diese verhielten sich oft noch schlimmer als die Russen. Verstanden sie die russische Sprache, dann bekamen viele von ihnen eine gute Arbeit. Zum Beispiel kamen etliche Frauen und Männer in die Küche, andere in die Waschküche. Als Brigadiers wurden ebenfalls nur Polen genommen, aber sie taugten alle nichts. Sie hintergingen uns Deutsche, wo sie konnten. Aus der Küche wurden Fleisch, Fisch, Butter, Schmalz, Brot, Zucker usw. gestohlen; alles bei Nacht, wenn sie glaubten, dass wir schliefen. Und wir hatten das Nachsehen, da dann diese Waren am folgenden Tag in der Küche eben fehlten. Zunächst hatten wir zwar erstmal 14 Tage Ruhe, denn sie konnten uns nicht zur Arbeit schicken, da wir alle zu schwach waren. So gaben sie uns reichlich Wassersuppe, aber das kräftigte uns nicht sehr. Solche Suppen waren zusammengestellt aus Grütze, rote Rüben, Kohl, etwas Fisch und sehr viel Rapsöl, das sehr streng schmeckte, so dass wir die Suppe oft nicht essen konnten. Das Brot, das es gab, war so nass, man konnte es zusammendrücken wie einen Schwamm. Zu trinken gabs Wasser, die Polen aber tranken den Tee und Kaffee.

Am 8. Mai 1945 mussten wir draußen antreten, und es wurde uns mitgeteilt, dass der Krieg aus sei und wir ihn verloren hätten. Der Offizier sagte: „Ihr seid nun Gefangene auf unserem Boden, in unserem Land. Und da ihr den Krieg verloren habt, müsst ihr alle Schulden abarbeiten. Aber wer gut arbeitet, der soll als erster nach Hause fahren …" usw. usw. Nach ein paar Stunden voll ernster Reden durften wir wieder in die Baracken gehen. Wir waren alle tief betroffen. Eine Woche danach wurden Arbeitsgruppen zusammengestellt. Alle strebten wir dem einen Ziele nach, nämlich gut zu arbeiten, denn dann sollten wir ja bald nach Hause fahren dürfen (aber leider merkten wir bald, dass auch diese Ansage wieder mal falsch war). Jeden Tag mussten wir früh aufstehen und rausmarschieren in den Wald, wo wir Holz fällen mussten. Zwei Männer und 1 Frau sollten zusammen am Tage 7-8 m³ Holz machen. Viele haben schwer gearbeitet und haben die Norm geschafft, manchmal sogar noch etwas mehr; aber häufig haben sie es nicht lange durchhalten können, etliche starben auch bald. Die Russen bemerkten die Bereitwilligkeit der Deutschen zu arbeiten, und so setzten sie bald die Marke höher. Wer sein Soll nicht schaffte, bekam abends kein Essen und wurde nachts eingesperrt. Der Bunker war kalt und nass. Zum Glück bin ich davor bewahrt worden.

Spät abends kamen wir immer aus dem Wald, es war ja schön darin, nur die Arbeit war zu schwer und die Hügel, die wir täglich rauf- und runterklettern mussten, allzu steil. Dazu noch die Polen als Brigadiers und die russischen Posten mit aufgepflanzten Gewehren. Und niemals kam ein nettes Wort an unsere Ohren. Eines Tages, ich weiß es noch wie heute, es regnete den ganzen Tag, was vom Himmel runter wollte, wir mussten trotzdem arbeiten. Es war kein trockener Faden mehr am Körper, und gezittert haben wir vor Kälte. Es hatte aber kein Posten mit uns Erbarmen, im Gegenteil, als wir am Abend in die Baracken zurückgingen, verlangten sie noch von uns, dass wir singen sollten. Wir mussten zwar jeden Tag singen, aber an diesem Abend wollten wir nicht. Da wurden sie böse und schlossen die Baracken ab, damit wir nicht rein konnten. Wir mussten noch eine Stunde in strömendem Regen auf dem Hof stehen, und mussten dann doch singen. Es war uns so kalt, dass wir kaum den Mund aufbekamen. Aber wir waren ja Gefangene und mussten uns alles gefallen lassen …

Im Juni und Juli kam noch eine große Mückenplage dazu. Wir konnten uns nicht retten vor den kleinen Blutsaugern, wir alle sahen ganz entstellt aus. Mit geschwollenen Beinen und Gesichtern mussten viele von uns ins Lazarett gebracht werden, aus dem sie dann auch meist nicht mehr herauskamen: Sie starben. Es war eine regelrechte Seuche im Lager von diesen Insektenstichen.

Von nach-Hause-fahren war keine Rede mehr. Es wurde zwar einmal ein Transport zusammengestellt, und die Polen hofften, nun nach Hause fahren zu können, aber sie kamen nur in ein anderes Arbeitslager. Wir waren so froh, als sie endlich fort waren, denn sie hatten besonders unsere deutschen Männer immer schlecht behandelt. So hatte es im Lager ein spezielles Brigadier-Zimmer gegeben, und die Männer, die ihre Arbeitsnorm nicht geschafft hatten, weil sie zu schwach und elend waren, wurden abends in dieses Zimmer geholt und so sehr von den Polen geschlagen, dass sie am andern Morgen nicht mehr gehen konnten; meistens starben sie dann ein paar Tage danach.

Im August wurde abermals ein Transport zusammengestellt, und bei vielen von uns kam ein freudiges Leuchten auf, denn es waren auch sehr gute Arbeiter dabei; daher glaubten wir, es gehe nach Hause. Aber die Leute aus diesem Transport kamen stattdessen in ein Kohlenlager. Darunter waren auch die Zwillingsmädels; so waren meine beiden Freundinnen auch fort, und ich war wieder allein. Im September 1945, also 4 Wochen später, ging wieder ein Transport mit 50 Frauen und ein paar Männern. Diesmal war auch ich mit dabei. Wir marschierten abends um 23 Uhr los, und man sagte uns: „Ihr braucht nur eine halbe Stunde gehen, dann kommen Autos, die bringen euch an Ort und Stelle." Aber wie so häufig war auch diese Aussage falsch: Aus einer halben Stunde wurden 6 Stunden Fußmarsch. Im Morgengrauen kamen wir dann in einer großen Stadt an. Am Bahnhof mussten wir warten, bis der Zug kam, der uns weiterbringen sollte. Die Sonne schien so schön, da nutzten wir die Gelegenheit gleich aus und haben uns gegenseitig die Köpfe angesehen, damit die Läuse keine Nester bauen können. Wir brauchten uns dabei nicht zu schämen, denn das Lausen war bei den Russen an der Tagesordnung. An jeder Ecke konnte man sie sitzen sehen, wie sie sich lausten.

Gegen Mittag ging dann unser Zug, der am Abend in der Stadt Biliauretz (im Ural) ankam. Wieder marschierten wir in ein Lager. Aber hier war alles so anders. Die Baracken waren viel sauberer und alles hell erleuchtet. Auch die Toilette war schöner, wir brauchten nicht mehr auf der Stange zu sitzen, und auf dem Hof brannte sogar elektrisches Licht. Aber Läuse und Wanzen waren auch hier zu Hause. Die Brigadiers lagen schon in tiefem Schlaf, daher empfing uns ein Stubenältester. Wir wurden in einzelne Baracken verteilt. Meine Gedanken waren, ob ich wohl Bekannte treffen würde? Und wie Gott es wollte, traf ich wirklich in den ersten 10 Minuten ein Mädel aus unserem Dorf, sie war wach geworden, als wir reinkamen. Die Freude war so groß, wir fielen uns um den Hals und weinten vor Freude. Lange haben wir noch erzählt, obwohl ich sehr müde war. Sie sagte mir nebenbei, dass sie kein Hemd auf dem Leibe habe. Da ich noch zwei hatte, gab ich ihr sofort eins und sie dankte mir mit Tränen in den Augen. So halfen wir uns dann auch später immer gegenseitig. Hier bekamen wir auch zum ersten Mal Kaffee zu trinken, wir waren ganz sprachlos. „Was, ihr bekommt Kaffee zu trinken?", fragten wir. „Ja, manchmal auch Tee, auch bekommen wir jeden Tag einen Löffel Zucker, ein Stück Fisch und jede Woche einmal eine Portion Tabak", sagten sie uns. Die Augen rissen wir auf, als sie „Tabak" sagten. „Was sollen wir denn mit dem Tabak?" „Na, rauchen!" „Wer aber nicht raucht?" „Den werdet ihr schon los." Ja, den wurden wir wirklich los. Die Männer kamen, brachten uns ihren Zucker, und wir gaben ihnen unseren Tabak.

Am andern Tage wurden wir dann den einzelnen Brigaden zugeteilt. Ich musste mit in eine Stein- und Tonfabrik mitgehen. Es war eine sehr schwere Arbeit, und die Norm sehr hoch – für mich zu hoch. In kurzer Zeit wurde ich so schwach und wog nur noch 85 Pfund. Alle 4 Wochen kam eine höhere Kommission, wir nannten es „Fleischbeschauung". Wir mussten uns alle nackt ausziehen und einzeln in ein Zimmer mit 3 Offizieren, dem Lagerarzt und dem Obersten vom Lager eintreten. Sie empfingen uns stets mit einem spöttischen Lächeln. Der Arzt konnte ein wenig deutsch sprechen, und so wurden wir gefragt, wo es uns weh täte und was wir sonst noch hätten. Aber das Ende war immer gleich: Wir konnten den ganzen Körper voll Ausschlag und Geschwüre haben, trotzdem wurden wir immer wieder den gleichen Arbeitsgruppen zugeteilt.

Im Oktober 1945 bekam ich ein schlimmes Bein. Ich konnte nicht mehr gehen und nicht stehen und wurde daraufhin krankgeschrieben. Das Bein wurde ganz dick und rot, und eines morgens war es am Schienbein aufgebrochen; ich hatte ein großes Loch darin. 14 Tage blieb ich in der Baracke, dann musste ich wieder arbeiten gehen. Das Bein wurde aber nicht besser, im Gegenteil, es kam der Winter, und es heilte sehr schlecht. Es wuchs wildes Fleisch heraus, so dass ich große Schmerzen hatte, aber ich wurde nicht wieder krankgeschrieben. Es dauerte bis April 1946, da heilte das Geschwür so langsam ab, und es entstand eine 6 cm lange und ca. 2 cm breite Narbe (bei schlechtem Wetter schmerzt die Narbe heute noch).

Dann kam das erste Weihnachtsfest auf fremdem Boden. Fern von der Heimat, fern von unseren Lieben erlebten wir dieses Fest. Es war traurig. Niemand bekam Post, wir durften auch nicht schreiben. An Heiligabend war es besonders schwer, unsere Gedanken eilten in die Heimat, aber niemand wusste, ob wir überhaupt noch ein zuhause besitzen würden. Es gab nichts zu essen an diesem Abend, auch nicht am 1. Weihnachtstag. Am 2. Tag bekamen wir dann morgens wieder was, aber nur, weil wir wieder arbeiten mussten. So lagen wir auf unserem harten Lager und lebten von der Erinnerung, wobei kein Auge ohne Träne war. Wie es wohl zu Hause war, wusste niemand, aber wir sagten uns, zumindest ein Stück Brot werden sie hoffentlich schon haben. So war Weihnachten unter diesen schlimmen Umständen für uns doppelt schwer, aber die Hoffnung auf bessere Zeiten gaben wir nie ganz auf.

Wieder gingen Monate dahin, und es kam der Monat Mai 1946, es sollte eigentlich ein Freudenmonat sein: Wir durften erstmals schreiben – anfangs aber nur 10 Worte. Später dann 20 Worte, und zum Schluss durften wir die Karte ganz beschreiben. Ich schrieb meine Karte an meine Eltern, noch an die Heimatadresse, ich wusste ja nicht, was sich inzwischen alles zugetragen hatte. Unsere Freude war zunächst groß, aber dann überkam uns bald doch eine große Traurigkeit, denn nun war bestimmt nicht mehr daran zu denken, dass wir bald nach Hause fahren dürften.

Wieder mal wurde ein größerer Transport zusammengestellt und wir kamen 200 km von unserem bisherigen Lager in ein kleines Lager, in dem dann wir (knapp 100 Frauen) von den Männern getrennt wurden, während die Männer weitertransportiert wurden. Wir wurden zum Streckenbau in einem Wald eingesetzt, wo wir eine Eisenbahnstrecke ausbessern mussten. Es war eine schwere Arbeit, aber andererseits waren wir froh darüber, denn es waren keine Posten mehr eingesetzt, die uns bewachten, so dass wir sozusagen halbfreie Menschen waren. Zur Arbeit gingen wir mit einem russischen Bahningenieur. Sonntags hatten wir frei und durften in den Wald gehen, wo wir uns viele Erdbeeren, Himbeeren und Pilze holen konnten. Die Kleider für die Arbeit bekamen wir von der Bahn gestellt. Auch wenn die Arbeit noch sehr schwer war, so herrschte doch eine gewisse geregelte Ordnung in unserem Tagesablauf. Wir waren ohne Bewachung, konnten frei atmen und hatten immer frische Luft, ganz anders als auf dem Fabrikhof.

Am 18. September 1946 bekam ich dann die ersten Zeilen von meinen lieben Eltern, geschrieben von der Mutter-Hand. Ich war eine von den ersten, die Post im Lager bekamen. Die Freude war so groß, dass ich an diesem Tag nichts gegessen habe, sondern nur immer wieder die Karte gelesen und geweint habe. Eins machte mich allerdings traurig, als ich lesen musste, dass auch mein lieber Bruder in Gefangenschaft war, aber nicht in Russland, sondern in Frankreich.

Hier im Waldlager hatte ich eine gute Freundin, Ida, sie war aus Ostpreußen, wir verstanden uns so gut wie unter Geschwistern. Sie war eine gesunde, fröhliche junge Frau. Sie wartete auch auf Post von ihrem Mann. Aber wie es das Schicksal wollte, sollte sie diese Post nie erhalten. Es war der 23. September 1946, wir fuhren morgens wieder zur Arbeit. Ida war so lustig, sie sang wie eine Nachtigall und wollte gar nicht aufhören. Ich sagte wiederholt: „Ida, singe nicht, und sei auch nicht gar so lustig, denn sowas am frühen Morgen bringt nichts Gutes für den Tag." „Ach, was kann uns denn noch viel passieren, wir fahren doch bald nach Hause", gab sie lachend zur Antwort. Aber der liebe Gott hatte es anders vor, sie fuhr nicht mehr nach Hause, nicht einmal mehr ins Lager zurück, denn eine halbe Stunde später war sie tot. Es kam so: Auf dem Weg zur Arbeit mussten wir öfters in einem Arbeitszug auf offenen Waggons sitzen, wo Blech, Draht und altes Gerät mit drauf war. Solange der Zug fuhr, war es kein Problem, aber zum Arbeiten mussten wir dann manchmal vom fahrenden Zug abspringen. In Windeseile geschah nun das Unglück. Als Ida abspringen wollte, blieb sie mit ihrem Mantel an einem langen Eisenstück hängen. Ihr Körper hing schon über den Waggon hinaus, aber dann riss der Mantel, bevor jemand von uns ihr helfen konnte, und sie kam unter die Räder. Ihr Kopf wurde direkt am Rumpf abgetrennt und ins Gras geschleudert, und sie war auf der Stelle tot. Als der Zug hielt, standen wir erst alle wie versteinert da. Als es uns zu Bewusstsein kam, was geschehen war, haben wir alle sehr geweint, war sie doch mitten aus dem blühenden Leben gerissen. Noch lange lag uns dieser Schmerz in den Gliedern.

Im Wald an der Unglücksstelle schaufelten wir nun ein Grab. Während wir schaufelten, war eine Frau zurück ins Lager gelaufen und benachrichtigte den Arzt und den russischen Offizier. Als diese ankamen, wurde Ida zur letzten Ruhe gebettet. Es war gerade eine Stunde nach dem Tode, der Körper war noch ganz warm. Während der Leichnam zugeschaufelt wurde, sangen wir das Lied „Wo findet die Seele die Heimat, die Ruh ..." und dazu noch „Ich hatt' einen Kameraden ..." Es war so traurig und herzergreifend, dass selbst dem Offizier die Tränen kamen. Ihr Hügel wurde mit großen Steinen bedeckt, denn es gab dort viele Wölfe, sie hätten die Leiche sonst wieder rausgebuddelt. Jeden Morgen, wenn unsere Arbeitsstätte in der Nähe lag, sind wir zuerst zu ihrem Grab gegangen und haben dort gebetet.

So verging die letzte Zeit sehr einsam im Waldlager, und ich musste ohne Freundin dann wieder ins große Lager zurück. Dort angekommen ging es wieder in die Steinfabrik, wo uns dieselbe schwere Arbeit empfing. Strenge Bewachung, schlechtes Essen und Stacheldrahtverhau war erneut angesagt; es fiel uns sehr schwer, uns wieder daran zu gewöhnen.

So ging der Winter wieder ins Land, und inzwischen schrieben wir das Jahr 1947. Da hieß es auf einmal, dass alle guten Arbeiter 10 Tage Urlaub erhalten sollten. Wir glaubten es nicht und dachten an einen Scherz, denn zu Beginn in diesem Lager hatte es ja auch geheißen, dass alle, die gut arbeiten würden, danach nach Hause fahren könnten. Wir waren mit der Zeit gegen solch schöne Worte abgestumpft und kalt geworden, und das Lachen hatten wir schon lange verlernt. In unseren Gesichtern konnte man nur noch Leid und Mühsal der harten Arbeit der letzten Jahre lesen. Aber die Hoffnung auf eine Heimkehr gaben wir insgeheim trotzdem nicht auf, dies allein gab uns auch nur den Mut, weiterzumachen. Die Aussage mit dem Urlaub sollte aber doch richtig sein. Es wurde ein extra Zimmer eingerichtet, mit 5 Betten (d. h. Bettgestell plus Strohsack), 1 Tisch und Sitzgelegenheiten. So gingen abwechselnd 5 Männer, dann 5 Frauen für jeweils 10 Tage zum Ausruhen in dieses Zimmer. Gewogen wurden wir vor dem Urlaub und nachher. Es waren absolut ruhige Tage, wir konnten uns nicht beklagen. Das Essen wurde uns aufs Zimmer gebracht, und wir durften soviel essen, bis wir satt waren. Abends rief uns niemand zum Appell, und morgens konnten wir so lange schlafen, wie wir wollten.

Ich bekam am 8. August 1947 meinen Urlaub. Es war aber keine große Erholung für mich, denn acht Tage davor bekam ich von zuhause die Nachricht, dass mein lieber Vater gestorben war. Somit hatte mein Vater recht behalten als er mir beim Abschied sagte: „Wir sehen uns nicht mehr." Dies wirkte so sehr auf mein Gemüt ein, dass ich in den 10 Urlaubstagen nur ein halbes Pfund zugenommen hatte, während es bei den anderen Urlaubern 10-12 Pfund waren. Aber ich wollte und durfte nicht aufgeben, stattdessen sagte ich mir immer wieder: „Ich will wenigstens meine liebe Mutti noch mal sehen." Deswegen habe ich auch so oft zum lieben Gott gebetet, er möge mir meine liebe Mutter gesund erhalten. Und diese Gebete hat Gott erhört, wie ich später erleben durfte.

Es war 10 Tage später, als ich das Urlaubszimmer wieder verließ. Der Alltag mit seiner schweren und harten Arbeit nahm mich wieder auf. Es verging ein Tag nach dem andern und ein Monat nach dem andern, und nichts geschah; es gab auch keinerlei Anzeichen, dass wir nach Hause hätten fahren können. So schrieben wir inzwischen schon 1948. Es waren zwar bereits kleine Transporte nach Hause gegangen, aber nur mit Kranken, mit denen die Russen nichts mehr anfangen konnten.

Am 27. Januar 1948 verunglückte ich in der Fabrik: Beim Abladen eines Lastwagens mit Lehm rutschte ich aus, fiel gegen eine Wand und kugelte mir die linke Schulter aus. Ich wurde sofort ins Lager zurückgebracht, wo ich eine Narkose bekam und ein deutscher Arzt mir die Schulter wieder einrenkte. Eine Woche trug ich den Arm in einer Binde und wurde dann für leichte Arbeiten in der Lagerküche eingesetzt. Nach 2 weiteren Wochen kam ich dann wieder in den Außendienst, aber jetzt nicht mehr zum Arbeiten in der Tonfabrik, sondern beim Häuserbau, zusammen mit anderen Frauen. Es gab kaum Geräte, und wir mussten alles Material hochtragen, bis zu 20-25 kg auf dem Rücken. Mein Arm schmerzte immer noch furchtbar, aber ich konnte nichts dagegen machen, ich musste durchhalten.

Beim Hausbau war ich ungefähr einen Monat, danach wurde ich einer anderen Arbeitsgruppe zugeteilt, die im Straßenbau arbeitete. Diese Arbeit war noch schwerer. Wir mussten Steine karren, mit schweren Eisenhammern Steine klopfen, Sand schleppen und die Steine dann auf der Straße glatt und fein egal einklopfen. Dazu hatten wir ganz strenge Wachtposten, nicht einmal durften wir uns ausruhen, der Hunger plagte uns und die Sonne brannte auf unsere mageren Gestalten. Oft kamen alte russische Frauen vorbei und wollten uns ein Stück Brot geben, aber wenn der Posten dies sah, nahm er uns das Brot sofort weg und aß es selber auf. Aber einmal stand ich tief gebeugt und klopfte Steine, da hielt mir plötzlich jemand einen 20-Rubel-Schein vor die Augen, und ehe ich richtig zur Besinnung kam und mich bedanken wollte, da war ein ganz altes Mütterchen schon weit weg; gottlob hatte der Posten es nicht gesehen. So hatte ich auf einmal 20 Rubel, habe mir später Brötchen dafür gekauft, die ich mit meinen Kameradinnen teilte.

Bald darauf wurden die Wachtposten gewechselt. Nach Regen kam Sonnenschein, denn die neuen Posten waren viel freundlicher. Sie fragten uns, ob wir noch Sachen zu verkaufen hätten. Wenn wir ja sagten besorgten sie uns Käufer, und wir brauchten dann keine Angst mehr zu haben. Ich hatte von zuhause noch eine weiße Strickjacke, diese hatte ich vor den Augen der Russen verstecken können und sorgsam gehütet, denn ich wollte sie wieder mit nach Hause nehmen. Aber hier war die Arbeit so schwer und der Hunger so groß, und so entschloss ich mich, sie zu verkaufen. Es war aber nur ein Spottpreis, den ich dafür erhielt: Zuerst verkaufte ich die 8 bunten Knöpfe und bekam dafür eine Flasche Milch und ein mit Butter bestrichenes Brot. Diese Extraration Essen hat mir allerdings sehr gutgetan. Am nächsten Tag verkaufte ich dann die Jacke, dafür bekam ich wieder 1 Flasche Milch, dazu 1 Pfund Butter und einen Eimer Kartoffeln. Aber wie sollte ich diese Ware ins Lager bekommen? Denn am Lagereingang wurden wir stets kontrolliert. So verteilte ich am Ende unserer Arbeitsschicht die Kartoffeln an meine Arbeitskameradinnen, die sie einzeln in ihre Hosen steckten, die Butter kam unter den Busen, und die Milch wurde getrunken. Mit Herzklopfen gings zurück ins Lager, aber wir hatten Glück und kamen ungeschoren alle durch.

Aber häufig war auch ein 18-jähriger deutscher Gefangener mit auf der Wache, wir nannten ihn den Jagdhund, der war sogar rücksichtsloser als die Russen und ließ nichts durchgehen.

So erging es auch mir, als ich meinen letzten Unterrock verkauft hatte, ich bekam dafür eine Büchse Konservenfleisch. An der Wache nahm der „Jagdhund" sie mir aus dem Hosenbein, und ich hatte das Nachsehen. Ab diesem Tag hatte ich nichts mehr zu verkaufen, aber der liebe Gott verließ mich nicht. Denn bei unserer Arbeit näherten sich immer wieder alte Mütterchen und Väterchen, die Mitleid mit uns hatten, und steckten uns hier und da schon mal ein Stück Schwarzbrot oder ein paar Pellkartoffeln zu. Wir waren dafür jedesmal so dankbar, und diese milden Gaben schmeckten damals besser als das schönste Stück Kuchen heute.

Im Laufe der Zeit bekamen wir im Lager auch eine Badeanstalt und eine Entlausung. Alle 14 Tage bis 3 Wochen wurde gebadet. Die Läuse gingen dadurch aber nicht weg, sondern mussten gezielt entfernt werden, denn sie waren wie Haustiere in Russland; dazu gab es aber auch noch Wanzen, die sich tagsüber in den Hauswänden verkrochen. Oft sind wir nachts aufgewacht, so haben uns die Wanzen gequält. Aber auch sonst schliefen wir immer wieder schlecht, denn wenn nachts Holz fürs Lager mit der Bahn kam, mussten wir gleich aufstehen und es reintragen.

Später hatten die Russen dann Deutsche als Aufseher im Lager eingesetzt. Einer von diesen war ein ganz brutaler Mann. Wenn es am Sonntag geregnet hat, brauchten wir von den Russen aus keinen Hofdienst zu machen. Aber dieser eine Aufseher, Grobke hieß er, hat uns dann mit dem Stock rausgeholt. Oder wenn wir müde geschafft von der Arbeit ins Lager zurückkamen, gingen wir normalerweise erst Essen empfangen; aber wenn dieser Grobke da war und unseren Arbeitstrupp auf dem Hof erblickte, ließ er uns nicht essen, sondern wir mussten gleich Hofarbeit machen, ohne was gegessen zu haben. Immer wieder mussten dann russische Offiziere eingreifen, damit wir erst was essen konnten. Wir hatten große Wut auf diesen Mann, denn er schikanierte uns, wo immer er konnte, aber wenn sich jemand widersetzte, wurde er eingesperrt. Aber wir sagten uns: „Gott lässt keinen ungestraft, auch dieser Mann wird seine Strafe bekommen." Und er bekam sie auch, wie wir später erfuhren.

Im September 1948 sollten 100 Frauen und 20 Männer in ein anderes Lager verlegt werden; auch ich war mit dabei. Aber viele blieben zurück, dazu gehörte auch der Aufseher Grobke. Wir waren so froh, dass wir diesem brutalen Menschen den Rücken kehren konnten, obwohl wir ja noch nicht wussten, was uns in dem anderen Lager blühen würde. Als wir eine Tag- und Nachtfahrt hinter uns hatten, betraten wir das Lager Oktabersk (auf Deutsch „Oktoberstadt"). In diesem Lager waren 500 Ungarndeutsche untergebracht. Die Leute lagen noch in tiefem Schlaf, als wir eintrafen. Aber es war alles so anders hier: Keine Wachtpostentürme, kein hoher Stacheldraht, nur am Lagereingang ein kleines Wachtpostenhäuschen. Man brachte uns gleich in zwei Baracken unter, die schon für uns vorbereitet worden waren. Wir staunten alle über diese veränderten Umstände, aber gleichzeitig kam ein böser Verdacht hoch: „Wir werden wohl überhaupt nicht mehr nach Hause kommen", da wir den Eindruck hatten, dass dieses Lager eine Dauereinrichtung sein würde.

Zum ersten Male sahen wir hier auch deutsche gefangene Soldaten. Wir konnten nur dann mit ihnen sprechen, wenn es kein Offizier sah. Diese armen Soldaten waren so entsetzt, als sie uns Mädels sahen. Ihre erste Frage war: „Was, deutsche Frauen sind im Ural? Wie konnte das geschehen, wofür haben wir denn gekämpft? Ist es nicht genug, dass sie uns Männer hier haben? Müssen sie auch euch Frauen noch holen?" Sie waren alle sehr aufgeregt. Nur die wenigsten von ihnen hatten Post. So fragten sie uns nach Namen, ob wir vielleicht wüssten, wo sich die Betreffenden befinden könnten. Aber leider kannten wir niemanden davon. Als sie hörten, dass wir schon seit 1945 in Gefangenschaft waren, rissen sie Mund und Augen auf: „Wie haltet ihr dies nur aus?" Viele, die noch ein Stück Brot hatten, gaben es uns. So trafen wir nun täglich unsere Leidensgenossen bei der Arbeit. Aber wer erwischt wurde, dass wir mit den Soldaten sprachen, der wurde eingesperrt.

Auch in diesem Lager war es schwere und harte Arbeit verbunden mit viel bitteren Tränen, um unser tägliches Stück Brot zu verdienen. Es war aber wenigstens kein Wachtposten mehr an unserer Seite, nur der Brigadier ging immer mit. Die Arbeit bestand darin, tiefe Gräben für eine Ölleitung auszuheben, mit einer Breite von 0,8 m und Tiefe von bis zu 3 m. Als Tagesnorm mussten von 2 Leuten in 8-9 Stunden mindestens 2 laufende Meter ausgehoben werden. Dabei war der Boden im Winter bis 1 m tief noch gefroren. Bei bis zu -29° Kälte mussten wir raus, aber wir haben so schwer gearbeitet, dass uns die Schweißperlen an der Stirn festgefroren sind. Viele zogen sich eine Krankheit zu. Auch ich musste dran glauben, bekam eine Rippenfellentzündung und wurde schwer krank; ich leide noch heute darunter. Die ersten 2 Tage musste ich noch mit zur Arbeit gehen, obwohl ich kaum noch die Schaufel heben konnte, denn in der Baracke konnte ich nicht bleiben, da ich kein Fieber hatte. Unser Brigadier, ein gefühlsloser Ungarndeutscher, herrschte mich an: „Wenn du deine Norm nicht schaffst, dann musst du die ganze Nacht draußen bleiben." „Dann bleibe ich eben", gab ich ihm patzig zur Antwort, denn ich wusste genau, dass er dies nicht anordnen durfte. Aber ihn kümmerte es nicht, er nahm keine Rücksicht auf meinen Zustand und trieb mich weiter an. Am Abend, zurück im Lager, bin ich dann erneut zur Ärztin gegangen (sie war eine Wolgadeutsche), und sie setzte mir Gläser auf die Haut, was – so sagt man – einen Hinweis auf eine Krankheit geben kann; denn wenn es unter den Gläsern schwarz würde, sei man krank. Bei mir war es unter allen 9 Gläsern schwarz. Da holte die Ärztin einen Offizier dazu, dieser sagte: „Oh, diese Frau aber sehr krank." Ich wurde daraufhin krankgeschrieben und durfte dann 4 Tage lang mit der Arbeit aussetzen. Obwohl Brust und Rücken sehr schmerzten, gab es keine Medikamente, nur Tee, und so hat mir nur Gott geholfen, denn nach etlichen weiteren Tagen ließen die Schmerzen dann doch allmählich nach.

Nun kam schon die vierte Weihnacht, die wir in Gefangenschaft verbringen mussten, und wieder fragten wir uns, ob es wohl die letzte sein würde. Ja, es sollte tatsächlich unsere letzte Weihnacht sein in Feindesland, aber niemand von uns wusste es damals. Als das Jahr 1949 anbrach, wurden wir eines

Tages angewiesen, uns in einem großen Raum zu versammeln. Hier wurde uns von Offizieren bekanntgegeben, dass der seinerzeitige brutale deutsche Lageraufseher Grobke zu 25 Jahren Zwangsarbeit verurteilt worden sei wegen angeblicher Sabotage. Und obwohl wir ihm alle eine Strafe gegönnt hatten, empfanden wir nun doch auch etwas Mitleid mit ihm. Denn jeder von uns wusste, was Zwangsarbeit zu bedeuten hatte: Wir hatten in den letzten Jahren viele solche Trupps von Strafgefangenen gesehen, und es war furchtbar, wie diese Leute behandelt wurden. Aber das Urteil über den Aufseher war gefallen, und wir konnten nichts daran ändern.

Im vergangenen Sommer war hier in unserem Lager bis zu 40° Hitze gewesen. Bei der Arbeit hatten wir geschmort, waren nur mit dem Notdürftigsten bekleidet, und bald war unsere Haut ganz dunkel gebräunt. Trotzdem fanden wir es damals angenehmer als jetzt im Winter, mit dem vielen Schnee und der Kälte. Die Gräben, die wir im Sommer ausgeschaufelt hatten, blieben oft bis zum Winter offen, denn die damit beauftragten Männer schafften es nicht, vor Wintereinbruch alle Rohre zu verlegen. So liefen die Gräben allmählich voll Wasser und schneiten dann auch noch zu, und wir mussten sie wieder freilegen. Pro Person war die Norm 15-20 laufende Meter. Oft hatten wir das Pech, dass oben die Schicht hart gefroren war, und wenn wir dann das Eis aufhackten, konnte es vorkommen, dass wir plötzlich bis zu den Knien im Wasser standen. Ja, was sollten wir nun machen? Zurück in die Baracken konnten wir nicht, um uns trockene Sachen zu holen, denn das Lager war 30 km entfernt. Daher mussten wir mit nassen Füssen bis zum Abend ausharren. So blieb es auch nicht aus, dass uns die Schuhe auf die Füße froren. Diese Zeit werde ich nicht vergessen: Bis an die Knie war alles steif von Eis, denn wir hatten immer mindestens -25° Kälte. Abends dann in der Baracke angekommen, stellten wir uns erst auf die großen Gasöfen, die es dort gab. Allmählich tauten dann die Schuhe auf, und wir konnten sie von den Füßen ziehen. Mit den nassen Kleidern mussten wir uns dann auch nachts zudecken, denn Decken gabs in diesem Lager keine. Aber meist waren wir so müde, dass wir nachts die Kälte gar nicht mehr merkten. So sehnten wir die Zeit herbei, wenn die Wintermonate endlich rum waren ...

Wie geschildert hatten wir hier im Lager einen großen Raum, und auch eine provisorische Musikkapelle hatte sich allmählich gebildet. Als wir dann noch ein Akkordeon brauchten, mussten alle einen Sonntag zusätzlich arbeiten, um davon das Instrument kaufen zu können. Es hatte sich dann allmählich so eingerichtet, dass am Samstag Abend und Sonntag Nachmittag in diesem Saal getanzt wurde. Damit wollten wir unser Leid, die Not, das Heimweh und den Hunger für den Augenblick vergessen. Aber die erste Zeit wollte niemand tanzen, denn uns stand der Kopf nicht nach Lustbarkeiten. So kam es, dass wir zum Tanzen gezwungen werden sollten, und wer nicht mitmachen würde, sollte eingesperrt werden. Da lenkten die Jüngeren ein, aber die Älteren, bei denen die Vorschrift nicht so streng gehandhabt wurde, weigerten sich weiter und sagten: „Wir gehen erst dann tanzen, wenn wir die Mitteilung haben, dass wir nach Hause fahren können."

Wir hatten im Lager einen sehr guten Oberaufseher, es war ein Ungarndeutscher und erst 29 Jahre alt. Aber was dieser sagte, wurde getan. Johann war sein richtiger Name, aber wir alle nannten ihn Jonny. Er kannte die Sorgen von jedem, und alle hatten ihn gern. Immer wieder musste er in die Stadt Ufa im Ural fahren, wo sich alle Unterlagen für das Lager befanden und wo auch die hohen Offiziere für das Lager stationiert waren. Jedesmal, wenn Jonny losfuhr, sagten wir zu ihm: „Jonny, bring uns gute Nachricht mit, und unsere Entlassungsscheine." Aber immer kehrte er mit traurigem Gesicht und leeren Händen zurück.

So kam nun der September 1949, und wieder mal musste Jonny nach Ufa fahren. „Ich werde es wieder probieren, vielleicht kann ich diesmal was für euch tun", sagte er uns bei der Abfahrt, worauf wir alle ihm eine gute Reise wünschten. Diesmal blieb er länger als sonst fort. Mit großer Spannung und Unruhe im Herzen erwarteten wir ihn zurück. Es war dann am 27. September, einem Sonntag, und wir waren wieder mal im Tanzsaal. Auf einmal ging es wie ein Lauffeuer durch den ganzen Saal: Der Jonny ist gekommen! Wir liefen raus, da trat er gerade aus dem Wachtpostenhäuschen. Wir umringten ihn und fragten: „Jonny, hast du gute Nachrichten mitgebracht?" Seine Augen schauten traurig wie immer, aber auf seinem Gesicht lag ein feines Lächeln. Er sagte zu uns: „Liebe Mädels, für euch 120 Reichsdeutsche winkt das große Glück, ihr dürft in die Heimat zurückfahren! Ich habe die Papiere in der Tasche." Wir konnten es nicht fassen, viele fingen an zu weinen, fragten aber dann: „Und was wird aus euch, wann fahrt ihr nach Hause?" „Uns hat man fest versprochen, in 4 Wochen sollen auch wir fahren", sagte Jonny. Aber wir alle wussten, dass man auf ein solches Versprechen nichts geben kann, denn zwischen den Transporten vergingen meist 6-12 Monate, bevor wieder einer ging. So waren alle ungarndeutschen Mädel von dieser Nachricht bitter enttäuscht, verließen den Saal und weinten bitterlich. Es tat uns so leid, denn sie trugen ja dasselbe Los wie wir. Aber dann rannten wir alle zu den Schlaflagern der alten Frauen und Männer, denn sie sollten in dieser freudigen Stunde ihr Versprechen einlösen. Die glaubten alle zu träumen, als wir ihnen die unfassbare Nachricht brachten. Nach einigem Zureden standen sie dann aber doch auf und tanzten noch länger als wir. Alle blieben auf bis zum frühen Morgen, niemand fand den nötigen Schlaf, so aufgewühlt waren unsere Nerven. Es war ja auch zu viel, dass all das, wonach wir uns all die ganzen Jahre gesehnt hatten, nun Wirklichkeit werden sollte.

So wurde es wahr. Am andern Morgen marschierten nur noch die ungarndeutschen Brigaden mit traurigen Gesichtern zur Arbeit. Wir anderen mussten raustreten, und ein hoher russischer Offizier trat vor uns hin, entnahm seiner Tasche einige Papiere und las unsere Namen vor. Es waren aber keine 120 Namen, sondern nur 116, denn zwei Männer und Frauen mussten zurückbleiben. Niemand wusste warum, und es wurde uns auch nicht gesagt. Dies gab uns allen zu denken, und so sagten wir untereinander: „Freuen wir uns nicht zu früh, noch sind wir nicht zuhause." Der Offizier teilte uns dann mit, dass niemand das Lager verlassen dürfe. Erst hätten wir mal 10 Tage Urlaub, aber wir sollten stets transportbereit sein und auf weitere Anweisungen warten; und wenn es dann heißen würde „antreten", dann sollten wir dies auch sofort machen. Was uns auffiel war, dass er nicht ein Wort erwähnte von nach-Hause-fahren, was uns misstrauisch machte. Aber der gute Jonny versicherte uns immer wieder, dass es für uns nach Hause gehe, was wir ihm nur zu gerne glauben wollten, denn in ihn hatten wir mehr Zutrauen als in den russischen Offizier.

Die 10 Tage schleppten sich hin zwischen Hoffen und Bangen. Abends am 4. Oktober hieß es dann auf einmal, dass jeder seinen Koffer packen solle. Aber viele hatten keine Koffer mehr, sondern nur noch Tragtaschen, und zum Reinpacken gab es auch nicht viel. Unsere Habseligkeiten bestanden zum Beispiel aus 1 Handtuch, das wir im Lager erhalten hatten; vielleicht auch aus einer Decke, die wir aus alten Resten zusammengenäht hatten; ein abgetragenes Kleid, oder auch ein paar Lumpen, die wir als Fußlappen um unsere Füße getragen hatten; ein alter Löffel und ein zerbeulter Kochnapf, woraus wir unser Essen gelöffelt hatten. Das war meistens alles. Streng verboten war es, Geld, Fotografien oder Geschriebenes mitzunehmen; bei wem sowas gefunden würde, der müsse zurückbleiben. Wir gehorchten dieser Anweisung ohne zu murren, denn jeder wollte so schnell wie möglich raus aus dem Lager. Am 5. Oktober kam dann der Abschied von denen, die nicht mitdurften. Es gab viele Tränen beim Verlassen des Lagers. Mit Autos fuhren wir zur nächsten großen Bahnstation. Hier erlebten wir aber gleich wieder eine Enttäuschung: Als wir ankamen, waren noch keine Waggons da. Das Warten machte uns traurig und unruhig, und es dauerte nocheinmal 3 Tage. Zweimal kam Jonny uns noch besuchen, um uns Mut zu machen.

Als dann endlich die Waggons kamen, waren wir sehr froh, aber wir fuhren noch nicht gleich los, sondern mussten noch einen halben Tag lang warten. In diesem halben Tag mussten wir noch etwas Schreckliches überstehen: In der Nähe hatten deutsche Kriegsgefangene gearbeitet; zwei davon kamen an unsere Waggons, erzählten von sich und gaben uns gute Grüße mit in die Heimat. Vom Waggon neben dem unseren rief die Waggonälteste den einen Soldaten rein, aber als er wieder rauskam, hatte ihn ein Offizier gesehen. Nun war der Teufel los. Alle 25 Mädels mussten aus dem Waggon raus, ihre Sachen mitnehmen und antreten. Sie wurden gefragt, wer dem Soldaten die Erlaubnis gegeben habe, in den Waggon zu steigen. Da aber eine die andere nicht verraten wollte, sollten zur Strafe alle Mädels zurück ins Lager zur Zwangsarbeit. Daraufhin meldete sich die Betreffende selber. Sie wurde streng vernommen und sollte dann allein zurück ins Lager. Plötzlich melden sich 3 Männer aus unserem Trupp und erklärten sich bereit, anstelle der Frau zurückzubleiben. Das überraschte die Offiziere und sie ließen noch einmal Gnade walten, und das Mädel durfte wieder einsteigen. Wie froh waren wir daher, als sich der Zug endlich in Bewegung setzte. Aber wir zweifelten immer noch, ob es auch wirklich Richtung Heimat gehen würde, denn wir waren die ganzen Jahre oft genug getäuscht worden.

Nach 14 Tagen langer Fahrt mit vielen Zwischenstopps kamen wir in Moskau an, wo es am Abend für uns alle „raus zum Baden" hieß. Als wir zurückkamen, stand da ein langer Zug mit 2000 deutschen Kriegsgefangenen auf dem Gleis. Wie freuten wir uns, als wir erfuhren, dass wir mit diesem Zug weiterfahren durften, denn sonst hätten wir noch ein paar Tage stehenbleiben und auf Verpflegung warten müssen; die russischen Begleitoffiziere hatten nämlich große Teile davon im Verlauf der bisherigen Zugfahrt schon verkauft. Aber die deutschen Soldaten sagten: „Wir teilen unser Essen auf, die Mädels können wir auch noch mit durchfüttern." So saßen wir denn voller Vorfreude im Zug Richtung Heimat, bekamen viel besseres Essen als vorher, und die Waggons waren nicht mehr verschlossen, sondern offen. Es sah alles schon nach ein bisschen mehr Freiheit aus.

In Brest-Litowsk angekommen, bedankte sich der russische Offizier, der uns begleitet hatte, für die gute Arbeit, die wir in über 4 langen Jahren geleistet hatten, wünschte uns alles Gute und forderte uns zum Schluss auf: „Wenn ihr jetzt nach Deutschland kommt: Geht nicht in den Westen, sondern bleibt im Osten."

Dann drehte er sich um und fuhr nach Moskau zurück. Vor unserer Weiterfahrt wurden wir noch einmal von russischen Frauen von Kopf bis Fuß kontrolliert, und auch nach Läusen wurden wir abgesucht. Aber damit hatten sie kein Glück, denn wir waren dieses Ungeziefer schon das letzte halbe Jahr losgeworden. Nicht genug konnten sie sich wundern, dass wir keine Läuse hatten (wir dagegen hatten Sorge, dass wir sie bei dieser Untersuchung wieder einfangen könnten). Sie sagten: „Einen so sauberen Transport haben wir noch nie gesehen", aber wir lachten nur und erwiderten: „Wir pflegen halt unsere Kultur."

Von Brest-Litowsk aus gings weiter nach Frankfurt (an der Oder). Als wir über die Oderbrücke fuhren, begannen unsere Herzen schneller zu schlagen. Es war eine milde, stille und sternenklare Nacht des 21. Oktober 1949. Immer langsamer fuhr der Zug, da kam an unser Ohr ein leises Singen, das immer lauter wurde, und dann hörten wir es ganz deutlich, wie unsere Soldaten in den anderen Waggons sangen „Kehr'n wir einst zur Heimat wieder ..." Nun stimmten auch wir mit ein, und es wurde uns ganz seltsam ums Herz. Aber so leise, wie der Gesang gekommen war, so verstummte er auch wieder, und wir vernahmen nur noch leises Weinen. Als wir an einem Bahnwärterhäuschen vorbeifuhren, wurden wir mit lieben Worten begrüßt: „Seid willkommen in der Heimat, liebe Kameraden!" Viele Zigaretten und auch Brot warfen die Soldaten zum Dank dem Wärter zu, der sich freudig bückte und mit Tränen in den Augen dankte.

Aber hier im Osten Deutschlands war noch nicht unsere Heimat, denn diese Zone war noch von den Russen besetzt. Überall wehten die roten Fahnen, überall fand man die vielen russischen Plakate, und überall sah man das Bild Stalins von Gebäuden und Brücken hängen, sogar auf den Toiletten. Und selbst derselbe Geruch nach Kohlsuppe wie in Russland war auch in allen Straßen Frankfurts zu finden. So konnten hier noch keine heimatlichen Gefühle aufkommen. Aber der Höhepunkt, weshalb wir uns hier im Osten nicht wohlfühlen konnten, kam noch: Nachdem uns ein Quartier zum Übernachten angeboten worden war, wurden wir von Wilhelm Pieck begrüßt, der auf einem Podium stand. Wie wir diesen Mann noch heute hassen! Denn wir standen vor einem Mann, der es fertigbrachte, uns nach all den Entbehrungen kalt ins Gesicht zu sagen: „Euch Frauen kann ich nicht weiterfahren lassen, ihr müsst hierbleiben." Wir glaubten, uns würde der Erdboden unter den Füßen wegrutschen, als wir das hörten, und hätten ihm am liebsten ins Gesicht gespuckt. Wie konnte dieser Mann es wagen, uns solche Sachen zu sagen? Uns unsere neue Freiheit gleich wieder nehmen zu wollen? Hatten wir doch so sehnlich den Augenblick herbeigewünscht, nach all dem jahrelangen Mühsal und Elend endlich wieder auf deutschem Boden zu stehen und bald unsere Liebsten umarmen zu können – und dann diese Ansage! Noch heute läuft mir ein Schauder über den Rücken, wenn ich daran denke. Nein, das konnte doch nicht wahr sein! Aber erneut tönte es aus dem Lautsprecher: „Geht zurück in den Raum, der euch zugewiesen worden ist, ich komme gleich zu euch. Das gilt aber nicht für die Soldaten, die sollen draußen bleiben." Wir standen alle wie versteinert, und Tränen rollten von unseren Wangen, aber langsam gehorchten wir dann dem Befehl, es blieb uns ja nichts anderes übrig. Wieder einmal meinten andere, über unser Schicksal entscheiden zu können ...

Wir waren noch nicht alle im Gebäude, aber da drängten auch schon die mit uns gereisten Soldaten mit herein und bildeten einen dichten schützenden Kreis um uns. Wir sagten zu ihnen: „Geht doch raus, sonst werdet auch ihr noch hierbehalten." „Lasst ihn nur kommen, wir sind bereit, ihm das Fell zu gerben", gaben sie uns zur Antwort. Diese massive Unterstützung durch die heimkehrenden Kriegsgefangenen zeigte offenbar Wirkung, denn es dauerte erst noch eine ganze Weile, bis Herr Piek das Gebäude betrat. Dann setzte er eine Amtsmiene auf, aber sagte nicht ein Wort zu den Soldaten, sondern teilte uns mit, wie es jetzt weiterginge: Diejenigen, die nachweislich Eltern oder andere Angehörige im Westen hätten, dürften nun doch weiter, die anderen aber könne er nicht entlassen, sie kämen nach Sachsen zum Uranabbau. So musste jeder von uns eine Adresse angeben und ein Telegramm mit Rückantwort abschicken, um eine Bestätigung zu erhalten, dass er im Westen erwartet und aufgenommen würde. Nun fingen etliche an zu weinen, denn es gab welche, die hatten keine Adresse, an die sie ein solches Telegramm schicken konnten. Ich hatte Gott sei's gedankt meine liebe Mutter inzwischen bei Hannover wohnen, daher konnte ich ganz schlicht mein Telegramm aufgeben: „Bin in 3 Tagen bei Dir. Deine Tochter", was dann auch bestätigt wurde.

Was mit den anderen Russland-Heimkehrern passierte, die keine Adresse im Westen hatten, und ob sie nach Sachsen abtransportiert wurden, weiß ich nicht, denn zusammen mit den anderen Glücklichen konnten wir noch spät in der Nacht weiterfahren. Die Fahrt ging über Leipzig, wo wir noch drei Stunden Aufenthalt hatten. Hier sahen wir die schlimme Not und das Elend, das im Osten herrschte. Die Verpflegung, die wir in Frankfurt bekommen hatten, verteilten wir an die Kinder, Frauen und alten Männer, die zu uns an die Waggons kamen. Alle waren halb verhungert, Zehnjährige sahen aus wie Sechsjährige. Allein der Anblick machte uns schon traurig, da brauchten sie noch gar nichts zu erzählen. Dann ging die Fahrt weiter, und am 23. Oktober kamen wir im Durchgangslager Friedland an. Im Vergleich zu den Zuständen in der Ostzone war es ein Unterschied wie Tag und Nacht. Alles war ganz anders. Mit Kakao und belegten Brötchen empfing man uns beim Grenzübergang. Alle waren so nett zu uns, und man sah nur freundliche Gesichter, was uns richtig guttat; denn fast 5 Jahre hatten wir diese Anteilnahme entbehrt. Dann wurde jede eingekleidet, und es gab gutes Essen, mehr als wir essen konnten. Gute Verpflegung bekam jeder dann noch mit auf die Reise, bevor abends mein Zug ging, der mich zu meiner lieben Mutter bringen sollte.

Um 3 Uhr morgens kam ich in Hannover an, aber ich musste noch 3 lange Stunden zuwarten, bis der Anschlusszug losfuhr; es ging mir alles nicht schnell genug. Endlich war es dann so weit, am 24. Oktober 1949 morgens um ½ 9 Uhr klopfte ich dann bei meiner lieben Mutter an die Türe. Von drinnen hörte ich ein

„Herein." Ich öffnete und stand im Türrahmen, fing an zu weinen und sagte mit erstickter Stimme „Guten Morgen." Mir gegenüber stand meine Mutter, nach der ich mich die ganzen Jahre gesehnt hatte. Sie war eine alte Frau geworden, die Sorgen und die bangen Jahre hatten auch sie schwer gekennzeichnet. Da erschrak ich, denn sie erkannte mich nicht mehr! Ich ging noch einen Schritt näher und rief: „Mutter!" Da war es mit ihrer Zurückhaltung aus, wie im Traum taumelte sie auf mich zu, umarmte mich und fing an bitterlich zu weinen. Dann stammelte sie: „Mein liebes Kind, bist du endlich da! Dem Herrgott sei's gedankt auf den Knien!" Da verlor ich für kurze Zeit die Besinnung, zu groß war in mir die Freude, endlich zu Hause zu sein. Dann lösten sich langsam die müden Arme von meinem Halse, und wir beide sahen uns an und wussten, dass nun alles wieder gut werden würde. Ich war so müde gewesen bevor ich ankam, aber als ich nun bei meiner Mutter war, spürte ich nichts mehr davon. Ich war nur noch glücklich …

So waren aus 3 Tagen insgesamt 4 Jahre und 8 Monate geworden. Diese traurige Zeit werde ich in meinem ganzen Leben nicht vergessen!

novum VERLAG FÜR NEUAUTOREN

Der Verlag

„Wer aufhört
besser zu werden,
hat aufgehört
gut zu sein!

Basierend auf diesem Motto ist es dem novum Verlag ein Anliegen neue Manuskripte aufzuspüren, zu veröffentlichen und deren Autoren langfristig zu fördern. Mittlerweile gilt der 1997 gegründete und mehrfach prämierte Verlag als Spezialist für Neuautoren in Deutschland, Österreich und der Schweiz.

Für jedes neue Manuskript wird innerhalb weniger Wochen eine kostenfreie, unverbindliche Lektorats-Prüfung erstellt.

Weitere Informationen zum Verlag und seinen Büchern finden Sie im Internet unter:

www.novumverlag.com